LA MANIFESTATION

DE

L'ESPRIT DE VÉRITÉ.

LA MANIFESTATION

DE

L'ESPRIT DE VÉRITÉ.

MDCCCXIX.

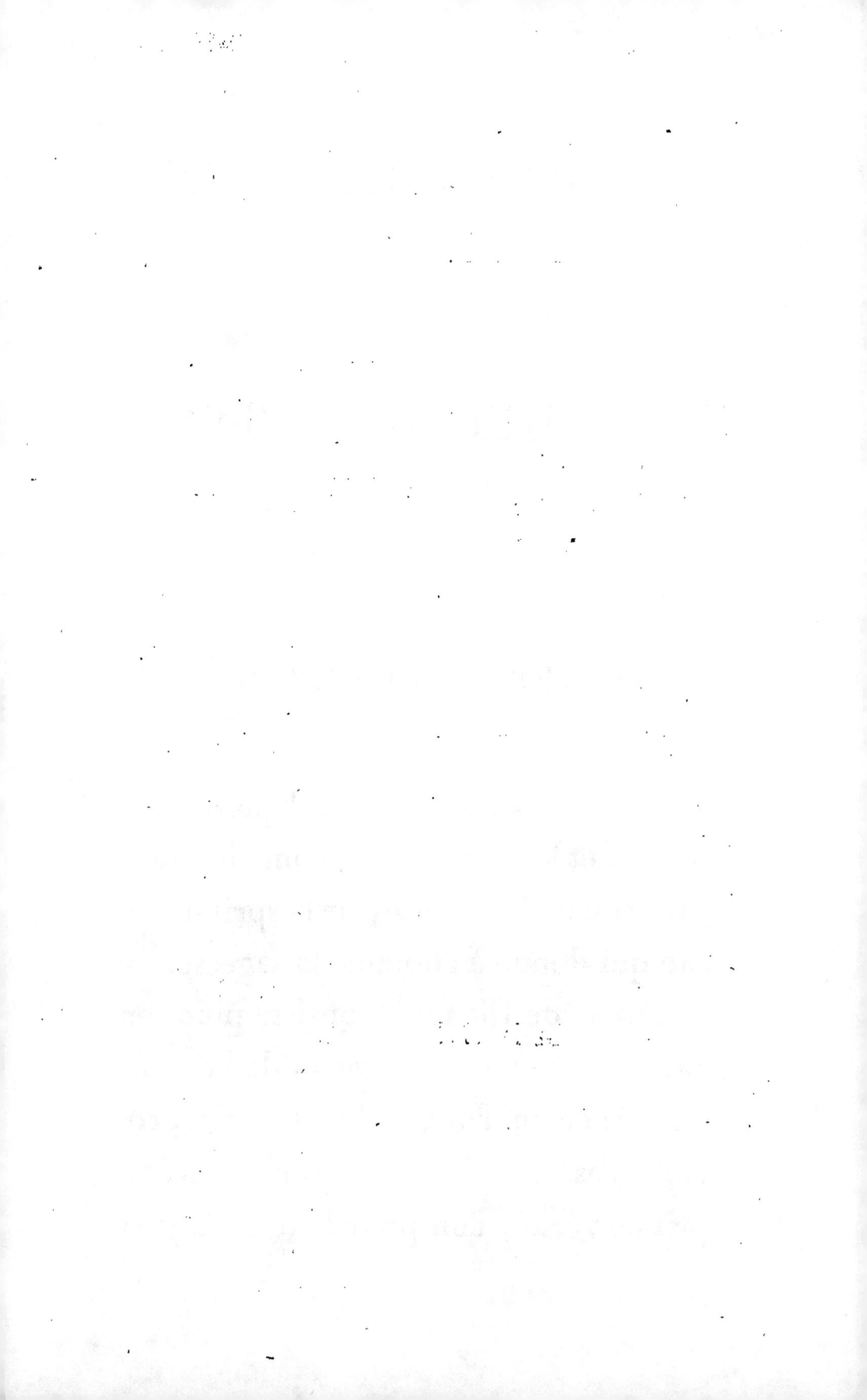

LA MANIFESTATION

DE

L'ESPRIT DE VÉRITÉ.

~~~~~~~~~~~~~~

L'ESPRIT DE VÉRITÉ.

La vérité est dans le monde par Jésus-
Christ, et le monde ne la connaît point,
parce qu'il n'a pu recevoir l'esprit de vérité qui donne à l'homme la sagesse. Le
royaume de Dieu ne consiste point en
paroles, mais dans la vertu de l'esprit.
Or c'est ce qui fait que Jésus-Christ promet à ses disciples de leur envoyer l'esprit de vérité; non pour leur enseigner

rien de nouveau, mais afin de les conduire dans toute la vérité. Il ne parlera
pas de lui-même, dit-il, mais il prendra
de ce qui est à moi, et vous l'annoncera.

Que si vous ne recevez, ô hommes,
l'esprit qui conduit à la vérité, sachez
que la vérité ne peut venir jusqu'à vous :
elle vous arrivera toute défigurée, plei-
ne de simulacres et de traditions humaines, parce que ni vous ni ceux qui
vous la présentent n'en aurez l'intelligence. On vous dira, voici la vérité :
mais la justice n'est pas toujours justice,
et la vérité n'est pas toujours vérité.

L'esprit la révèle au vrai disciple, et
c'est le vrai disciple qui la répand dans
le monde ; et il connaît que la vérité est
en lui, par l'esprit que Dieu lui a donné.
Nul ne sait d'où vient l'esprit, il souffle
où il veut, et l'homme entend sa voix.

La lumière a éclairé ceux qui étaient simples et petits parmi les hommes ; tandis que les superbes, et ceux-là mêmes qui se disaient les dépositaires de la vérité, sont demeurés dans les ténèbres.

Or c'est ainsi qu'après m'avoir ôté du monde, l'esprit m'a conduit dans toute la vérité, afin que je puisse ensuite appeler les hommes et leur enseigner ce que j'ai appris moi-même. Je dis ce que l'esprit me révèle, et je ne puis dire autre chose ; et je prends de ce qui est à Jésus-Christ pour l'annoncer, parce que l'esprit de vérité étant l'intelligence même de la vérité, il ne peut enseigner que ce qu'elle enseigne. Ainsi s'accomplit cette parole de Jésus-Christ : l'esprit de vérité prendra de ce qui est à moi, et vous l'annoncera.

C'est l'esprit de vérité qui manque aux hommes, et non la loi. Il manquait au peuple juif et à ses docteurs; et il vous manque à vous aussi, chrétiens, et à vos prêtres et à vos docteurs; car s'il était en vous, vous produiriez les œuvres de l'esprit et non pas celles de la chair.

Il habite dans un petit nombre d'hommes : mais ce n'est ni dans le pharisien, ni dans le prêtre, qu'il fait sa demeure.

Il inspirait les sages et les prophètes ; il a inspiré Marie, mère de Jésus, et Jean, qui baptisait dans le Jourdain. Il est descendu sur le Christ, et il a été envoyé aux apôtres et à tous les vrais disciples.

C'est cet esprit qui donne aux peuples la liberté, qui élève les petits et abaisse les grands, et consomme dans l'unité tous les disciples. C'est par lui que le pauvre est soulagé, que les liens des captifs sont rompus, et que les aveugles recouvrent la vue.

Voilà l'esprit que j'ai reçu de Dieu, et il remplit de justice le vrai disciple. Recevez-le, hommes, comme je l'ai reçu moi-même, et rendez-vous semblables à Jésus-Christ; car il est, par son union avec l'éternelle vérité, la loi vivante de l'homme.

Le feu n'a point été apporté sur la terre pour qu'on le laisse éteindre; et qu'est-ce que je fais, sinon de le rallumer? Or, la parole me rend elle-même témoignage, car je l'annonce dans toute la vérité : je l'enseigne comme elle a été inspirée, non comme le monde l'a traduite; je l'enseigne selon l'esprit, non selon la chair.

Voici un nouveau temps qui commence ! C'est l'esprit de vérité lui-même qui nous conduit au royaume de Dieu, selon que la promesse en a été faite au monde. Jésus-Christ a laissé les nations dans l'attente de ce règne, et il nous apprend à le demander chaque jour à son père, lorsque nous lui disons : Votre règne arrive, votre volonté soit faite sur la terre comme au ciel.

Vous avez éteint l'esprit, chrétiens, sous les préceptes nouveaux que l'homme a ajoutés à ceux de Dieu, quoique l'esprit ne pût lui-même enseigner rien de nouveau ; vous l'avez éteint dans les subtilités toutes païennes de vos écoles, sous les rites et les cérémonies du culte. Mais l'esprit de vérité, plus fort que le monde, détruit aujourd'hui ce que le monde avait édifié sur le mensonge : selon que le Christ l'avait promis, le roseau cassé a été brisé, et la lampe qui fumait encore s'est éteinte.

LE VRAI DISCIPLE.

LE vrai disciple adore la parole de vérité et lui obéit dans tout ce qu'elle commande, car la vérité ne s'est manifestée aux nations que pour leur annoncer la justice. Jésus-Christ est venu préparer les hommes au règne de Dieu ; il leur apprend qu'il n'y a de juste que ce qui est véritable, et partout il découvre l'imposture du monde. C'est ainsi qu'il s'adresse aux siens, et leur dit : Vous savez que les princes des nations dominent sur elles ; que les grands les traitent avec autorité, et sont nommés leurs bienfaiteurs. Il n'en doit pas être de même parmi vous; mais que celui qui est le plus grand devienne comme le plus petit, et que celui qui tient le premier rang soit comme celui qui sert.

Mais le vrai disciple sait que dès le commencement les grands ont eu en aversion la doctrine de Jésus-Christ, qui leur enseigne que le pauvre est leur frère, et qu'ils l'ont refaite à leur manière, plutôt qu'ils ne se sont convertis à elle. Y a-t-il un seul des sénateurs, ou des pharisiens, disaient-ils, qui ait cru en lui? car pour cette populace, qui ne sait ce que c'est que la loi, ce sont des gens maudits. Et ils ajoutaient que Jésus-Christ ne connaissait point la loi; qu'il était un séditieux et un blasphémateur; qu'il avait perdu le sens.

Les grands ont été depuis contraints de recevoir l'Évangile, mais leur cœur est toujours demeuré le même ; ce qu'ils disaient de Jésus-Christ, ils le disent encore du vrai disciple qui obéit à l'instinct de l'esprit. Et n'appellent-ils pas, comme auparavant, populace et canaille ce même peuple qu'ils retiennent dans la misère pour le dominer ? Mais le jour approche où la parole de Dieu aura son entier accomplissement !

Or, le vrai disciple s'assure d'autant mieux dans le dessein de l'Évangile, qu'il était déjà même manifesté aux hommes avant la naissance du Christ. Marie commence à célébrer dans son chant prophétique la justice et le règne de Dieu : Il a détrôné les puissans, s'écrie-t-elle, et il a élevé les petits ! Il a rempli de biens ceux qui étaient affamés, et il a renvoyé vides ceux qui étaient dans l'opulence ! Et Jean, le précurseur de Jésus-Christ, plein aussi de l'esprit de vérité, donne aux peuples ce précepte : Que celui qui a deux habits en donne à celui qui n'en a point, et que celui qui a de quoi manger fasse de même. Jésus commence enfin à prêcher ; et, pour se faire connaître de Jean, il dit aux disciples qui étaient venus de sa part, de lui rapporter que l'Évangile est annoncé aux pauvres.

Aussi, les sénateurs et les princes des prêtres conspirèrent - ils ensemble la mort de Jésus-Christ ! Et ils s'unissaient contre la parole de vérité, parce qu'elle détruit également et les cérémonies du culte, et toute grandeur qui vient de la chair. L'idolâtrie consiste à transporter à la chair ce qui n'appartient qu'à l'esprit.

Le Seigneur avait déjà dit par la bouche d'Isaïe : Ne m'offrez plus de sacrifices inutiles ; je ne puis souffrir vos nouvelles lunes, vos sabbats et vos autres fêtes ; ce n'est qu'iniquité et fainéantise. Mais apprenez à faire le bien ; examinez tout avant que de juger, assistez l'opprimé, faites justice à l'orphelin, défendez la veuve. Et Jésus vient ensuite, qui déclare que Dieu veut être adoré en esprit et en vérité, et que l'aimer de toutes ses forces, et son prochain comme soi-même, est plus que tous les holocaustes et tous les sacrifices.

Or, c'est cette doctrine d'éternelle vérité, que Dieu a enseignée par les sages et les prophètes, par Jean, qui vivait dans le désert, et par le Christ lui-même, qui est aussi la doctrine du vrai disciple. Et il adore en esprit et en vérité, parce qu'il sait qu'il n'est aucun des préceptes dont se soient servis les premiers disciples pour abroger les cérémonies de la loi, qui ne soit d'une autorité bien plus forte encore contre tout ce que les chrétiens ont depuis établi au nom de Jésus-Christ.

Jésus-Christ demeure dans son disciple, et son disciple demeure en lui : or, comment se fait-il maintenant que l'on commande au disciple de l'adorer dans des choses toutes matérielles? Quiconque adore Dieu hors de soi, n'adore ni en esprit, ni en vérité. C'est par l'esprit que la parole de vérité entre dans l'homme, et il est impossible qu'elle se trouve où l'esprit n'est point.

Et qu'on ne s'imagine pas que la doctrine du vrai disciple doive plier en un point où en un autre ; il ne prêche point sa propre pensée; mais ce qu'il annonce est la vérité, que le Père a révélée par son Fils unique, qui ne la pouvait lui-même ni étendre, ni diminuer. La doctrine de Jésus-Christ n'est point sa doctrine; car si ce qu'il nous enseigne n'était pas éternellement vrai, ce ne serait non plus vérité après lui que devant.

LE VRAI DISCIPLE A SES AMIS.

JÉSUS-CHRIST a dit : Quiconque d'entre vous ne renonce pas à tout ce qu'il a, ne peut être mon disciple. Sachez donc, ô mes amis, que ce précepte est le fondement de toute vertu, comme il est la source de la gloire immortelle et

2

du parfait bonheur ! Quitter les richesses injustes avant qu'elles ne vous quittent, renoncer aux grandeurs et aux voluptés qui font les esclaves, voilà ce que le Christ vous commande : il annonce la vérité, et la vérité vous rend libres. Qui brave les rois, peut porter un joug plus pesant encore, celui de sa propre chair.

Or, le Christ a voulu vous montrer aussi, par ce précepte, combien est injuste et contraire à l'esprit de Dieu la domination qu'exercent dans le monde les riches et les puissans. C'est en vain que le monde cherche la liberté, elle ne se trouve point dans ses institutions ! Là où l'on peut dire : ce champ est à moi, la terre m'appartient, l'homme n'est-il pas l'ennemi de l'homme, son maître et son tyran ? L'indépendance et l'égalité en sont bannies, et par conséquent la justice. Le pauvre fait l'ouvrage de deux, il travaille pour son maître et pour lui, et néanmoins il ne compte point parmi les hommes : le riche, au contraire, vit dans le repos, et commande à ses semblables.

O mes amis ! où il y a des riches, les hommes ne sont point frères; où il y a des grands et des superbes, ils ne s'aiment point. Réjouissez-vous donc, vous à qui l'esprit a révélé la loi de la communauté, de savoir enfin par où l'on arrive au règne de la justice et de la vérité ! Vous y conduirez aussi les hommes, ô vrais disciples ! car votre œuvre est de répandre la lumière, et d'annoncer partout le règne de Dieu.

Hier encore, nous étions les enfans du monde; il nous disait : voici votre père et votre mère, voici vos frères,

vos sœurs, vos amis. Mais aujourd'hui,
nous avons un autre père, d'autres frères, d'autres sœurs, d'autres amis; et
celui qui nous connaissait ne sait plus
maintenant qui nous sommes, car c'est
un nouvel homme qui habite en nous,
et la chair même est changée par la vertu
de l'esprit. Or, nul homme ne vit selon
la justice, si cette régénération ne s'est
faite en lui.

Jésus-Christ avertit les apôtres qu'il a
encore beaucoup de choses à leur dire
(quoiqu'il déclare en un autre endroit
leur avoir tout appris); mais ils n'é-
taient pas capables de l'entendre, et il
annonce l'esprit consolateur qui doit
conduire les hommes dans toute la vérité. Or, c'est lui maintenant qui, sans
rien enseigner de nouveau, donne l'intelligence des préceptes que le Christ

avait mis comme un levain dans la masse humaine, long-temps avant qu'elle fût capable d'en connaître toute la force. L'ancien ordre social reposait sur le mensonge, il sera détruit par la vérité.

Et si le ferment de vérité n'a pas opéré plus tôt dans le monde, vous en savez la cause, ô mes amis ! N'est-il pas écrit : Il ne brisera point le roseau cassé, ni n'éteindra point la lampe qui fume encore, jusqu'à ce qu'il ait convaincu le monde de la justice de sa cause ? Faites donc attention présentement à la pensée qui agite les peuples, et voyez vous-mêmes si cette lampe, qui fumait naguère encore, ne s'est pas enfin pour toujours éteinte !

Voici le moment de dire en plein jour ce qui vous a été dit dans les ténèbres, et de prêcher hautement ce qui vous a été dit à l'oreille. Que cette parole ne vous trouble point : Je suis venu mettre la division entre le fils et le père, entre la mère et la fille, entre la belle-mère et la belle-fille ; et les domestiques d'un homme seront ses ennemis. Que cette parole, dis-je, ne vous trouble point ; car c'est ainsi que la vérité opère dans le monde.

Malheur à ceux qui n'auront point écouté la parole de Dieu ! ils périront comme plusieurs ont déjà péri, qui n'é-taient pas plus coupables qu'eux. Qui-conque heurte maintenant la vérité est brisé soi-même, et elle écrase celui sur qui elle tombe. On ne pèche point en vain contre l'esprit ; c'est un péché que Dieu ne pardonne ni en cette vie, ni en l'autre.

O mes amis ! s'ils refusent de croire à

l'esprit de vérité, ils ne croiront pas non plus au Christ; car sa mission n'était ni plus formelle, ni plus clairement prédite. Comme il avait été annoncé, il annonce aussi l'esprit consolateur qui doit conduire les hommes dans toute la vérité ; et c'est ici même la fin et l'accomplissement de l'Evangile.

Le monde nous hait, mes amis, parce que nous méprisons l'honneur et l'opinion, qui sont ses idoles, pour nous élever à la justice et à la vérité. Nous nous glorifions dans les œuvres de vérité, et cependant il voudrait nous forcer à rechercher la gloire qu'il donne; nous connaissons une autre justice que la sienne, et il prétend nous abuser encore par le mensonge et l'imposture.

O mes amis ! que ce maître est cruel et insensé ! Que son joug est dur et pesant! Il honore l'homme superbe, et méprise ses enfans laborieux; il caresse ses ennemis, et persécute l'homme de paix !

Nos frères ont voulu plaire au monde, et ils se sont corrompus. Ils ont dit, pour le gagner, nous adoucirons la parole de Dieu; mais ce n'était plus la parole de Dieu qu'ils annonçaient, et l'esprit de vérité s'est retiré d'eux. Que lui offrent-ils maintenant? des simulacres, des pratiques, de vaines représentations. Hélas! nos frères se sont perdus sans être utiles au monde !

Pour nous, qui demeurons dans toute la vérité, nous saurons la dire au monde. Nous lui dirons que l'on ne devient point le disciple de Jésus-Christ par des signes et un culte extérieur; mais par les œuvres de justice et de vérité : c'est au fruit que l'on connaît l'arbre. Mes amis, que l'on nous dise donc maintenant en quoi diffèrent des païens ceux-là qui se glorifient dans le culte ! Recherchent-ils moins la gloire que se donnent les hommes ? Sont-ils moins attachés aux richesses et aux délices de la chair ? Or, n'est-ce pas en ces choses mêmes que consiste l'idolâtrie ?

Que les vrais disciples obéissent à la vérité ! La vérité est la loi de notre être ; c'est en elle que se trouve la lumière et la vie. O mes amis ! laissez les morts ensevelir leurs morts ; vous seuls êtes vraiment vivans, vous seuls êtes des hommes !

Je ne vous dis point maintenant de quitter le monde, mais enseignez-lui plutôt à fuir la colère de Dieu. Répandez partout la lumière, annoncez à toute créature les voies du royaume, car c'est l'œuvre du vrai disciple. Encore un peu de temps, et ce monde insensé, tout couvert du sang des justes et des sages, disparaîtra lui-même !

LES ÉCRITURES.

I.

Nous n'arrivons au Père que par le Fils, et il nous conduit à la vérité ; nous ne connaissons Dieu qu'en Jésus-Christ, et Jésus-Christ nous dit qu'il est la vérité : donc le Dieu que nous servons est la vérité, et nous ne le pouvons connaître et adorer que dans la vérité.

Or, c'est aussi en se prenant pour la vérité, que le Christ dit : « Je suis en « mon Père, et mon Père est en moi. « Demeurez en moi, et je demeurerai « en vous. » Et encore : « Celui qui « m'aime sera aimé de mon Père, et je « l'aimerai aussi, et je me découvrirai à « lui. » Car le Père étant la vérité, il engendre la parole de vérité qui est le Fils, et ils ne font qu'un ; et la parole de vérité se découvre à celui qui aime la vérité.

Jésus-Christ ne s'adresse point aux disciples en son propre nom ; c'est la vérité, et non lui, qui parle dans l'Évangile. Or, voilà ce que les apôtres n'avaient pu comprendre au commencement, et ce que si peu d'hommes comprennent encore aujourd'hui. C'est la vérité, elle-même, qui dit par la bou-

che de Jésus-Christ : « Celui qui aime
« son père ou sa mère plus que moi,
« n'est pas digne de moi. » C'est elle qui
dit aussi : « Lorsqu'il y a, en quelque lieu,
« deux ou trois personnes assemblées
« en mon nom, je suis là au milieu
« d'elles. » Et il en est de même encore
du commandement que fait Jésus-Christ,
de renoncer à tout pour le suivre : ce
précepte serait mort pour nous, s'il ne
se rapportait à la vérité.

C'est ainsi, chrétiens, qu'il faut lire
l'Evangile, et l'Évangile vous conduira
à la vérité; et vous saurez que la vérité
est la sagesse et la puissance même de
Dieu.

———

Jésus-Christ confesse qu'il est roi,
mais il se sauve du peuple qui le veut

couronner; car il est venu pour détruire le monde, et non pour exercer
l'autorité souveraine à la manière des
rois, sur le trône et par la force des
armes. Et voilà pourquoi il répond au
gouverneur romain, « que son royaume
« n'est point de ce monde; car s'il était
« de ce monde, ajoute-t-il, mes servi-
« teurs combattraient pour empêcher
« que je ne fusse livré aux Juifs. »

C'était donc pour annoncer le règne
de Dieu que le Christ a été envoyé, et
non pour régner lui-même; il est la parole de vérité qui a vaincu le monde, et
quiconque a détruit en soi le monde est
déjà du royaume de Dieu. C'est ainsi
que Jésus dit à un docteur de la loi qui
lui avait répondu sagement : « Vous
« n'êtes pas loin du royaume de Dieu. »
« La loi a duré jusqu'à Jean, dit encore

« Jésus ; mais depuis ce temps-là, le
« royaume de Dieu est annoncé, et cha-
« cun fait effort pour y entrer. » Et
ailleurs il dit positivement : « Vous de-
« vez croire que le royaume de Dieu
« est arrivé jusqu'à vous. »

Or, les nations s'approchent aussi du
royaume de Dieu, à mesure qu'elles dé-
truisent l'imposture et les institutions du
monde. Et ce progrès des peuples est
annoncé dans l'Évangile par un grand
nombre de similitudes. Mais les chrétiens n'ont vu jusqu'ici que la régénération de l'homme en particulier ; ils
n'ont point compris qu'il s'agissait de la
régénération entière du monde.

Tout homme qui vient au monde est condamné à manger son pain à la sueur de son visage, c'est la loi commune. Nul ne peut donc s'en affranchir qu'il ne fasse porter aux autres le poids de son propre péché. Or, c'est pour cela que les riches et les grands sont en abomination devant Dieu ; car ils n'ont point été lavés de leurs taches, et ils se glorifient de leur impiété.

Jésus-Christ condamne les richesses, et montre partout le mépris qu'il en fait; il ne laisse enfin aucun espoir à ceux qui les possèdent d'entrer dans le royaume de Dieu. Le riche qu'il renvoya vivait dans toute la sainteté de la loi, et n'avait d'autre péché que de ne vouloir point renoncer à ses biens. Or, le Christ n'a point dit que l'on ferait un choix dans son Évangile, qu'on enseignerait

un commandement et qu'on tairait l'autre. Et cependant, ô hommes superbes !
vous voulez qu'on prêche la pauvreté,
et non pas que l'on condamne vos richesses ; vous voulez qu'on enseigne
aux petits l'humilité, mais non qu'ils
cessent d'honorer en vous l'ostentation
et la vaine gloire.

————

Vous avez reçu gratuitement, donnez
gratuitement, dit Jésus aux apôtres. Et
en effet, une doctrine qui condamne le
riche et le grand, ne peut devenir entre
les mains de celui qui l'annonce l'instrument de ses richesses et de sa grandeur.
L'apôtre qui s'enrichit fait un pacte avec
le monde, il n'est plus le disciple de
Jésus-Christ ; et soit qu'on le dépouille

ou qu'on le mette à mort, c'est toujours un des siens que châtie le monde !

Or, je dis ces choses et celles qui suivent, parce que Dieu a mis en moi son esprit, et qu'il m'a fait comprendre les Écritures dans toute leur vérité, selon qu'elles ont été inspirées au commencement. J'ai aimé Jésus-Christ, et Jésus-Christ s'est fait connaître à moi, et il m'a ôté du monde pour que je puisse enseigner ce qu'il m'apprend. Quiconque est du monde et méprise le monde, se méprise soi-même.

II.

CHRÉTIENS ! pour connaître tout le dessein de l'Evangile, lisez la parabole du Pharisien et du Publicain ; lisez encore celles du Samaritain, du Riche et de Lazare. Là, non-seulement vous découvrirez la juste aversion du Christ pour tous ceux qui se glorifient dans le culte ; mais vous pourrez vous convaincre encore de la profonde horreur que lui inspiraient les riches et les prêtres par le rôle odieux qu'il leur fait jouer. Ce n'est ni dans le cœur du prêtre, ni dans celui du lévite, que Jésus place l'amour du prochain ; il le fait secourir par la main d'un hérétique, et c'est un hérétique qu'il vous propose pour modèle ! car son dessein est de vous apprendre qu'on sait toujours honorer Dieu et le servir, quand on sait aimer et servir les hommes. Aussi, qui a fait périr l'homme de vérité, le juste par excellence, le fils du Dieu vivant ? les grands et les prêtres, acharnés à son trépas, et criant de toutes parts : Crucifiez-le! Crucifiez-le!

Jésus dit : « Je suis venu apporter du « feu sur la terre; et qu'est-ce que je « désire, sinon qu'il soit allumé? » Et vous, prêtres et grands, qui abusez du nom de Christ, qu'avez-vous fait pour allumer ce feu spirituel, cette lumière de vérité qui doit illuminer le monde? N'est-ce pas vous, au contraire, qui l'éteignez sous le feu grossier de l'encensoir, pour mettre en sa place des traditions pleines d'orgueil et de superstition dont vous êtes vous-mêmes les auteurs? Ah! ne vous dites plus les ministres de la vérité, vous qui faites une loi du célibat, et qui condamnez encore les hommes à de vaines abstinences! Nous ne connaissons d'autres prêtres dans l'Évan-

gile que les ennemis de Dieu, persécu-
teurs hypocrites de la vérité qu'ils an-
noncent! Jésus appelle à lui tous ceux
qui sont humbles de cœur, il rend ses
disciples tolérans et charitables : mais
pour vous, qui trafiquez de vos propres
prières, il vous dira qu'il ne vous a jamais connus.

Est-ce de l'Évangile que vous tirez
votre doctrine? Non, sans doute. Se-
rait-ce de saint Paul, dont l'autorité est
si grande? Mais cet apôtre ne pouvait
prêcher une doctrine différente de celle
du Christ; et voici même, à cet égard,
les instructions qu'il adresse aux Ga-
lates : « Quand nous vous annoncerions
« nous-mêmes, ou quand un ange du
« ciel vous annoncerait un Évangile dif-
« férent de celui que nous vous avons
« annoncé, qu'il soit anathème. » Et il

va plus loin encore, puisqu'il fait connaître d'avance les fausses doctrines
qu'aux temps à venir on prêchera dans
un esprit d'erreur et de mensonge. « Il
« viendra, dit-il, des gens hypocrites
« qui interdiront le mariage et l'usage
« des viandes que Dieu a créées pour
« être reçues avec action de grâces par
« les fidèles, et par ceux qui connais-
« sent la vérité; car tout ce que Dieu a
« créé est bon, et on ne doit rien reje-
« ter de ce qui se mange avec action de
« grâces. » Or saint Paul, en disant ces
choses, se conformait à la parole même
du Christ, qui déclare « que rien d'ex-
« térieur de ce qui entre dans l'homme
« ne peut le souiller; mais que ce qui
« sort du cœur de l'homme, c'est là ce
« qui le souille. »

Saint Paul écrivait de même aux Co-

lossiens : « On vous dit, ne goûtez
« point de ceci, ne mangez point de
« cela. Mais ce sont des choses qui pé-
« rissent par l'usage même qu'on en
« fait. Et toutefois ces pratiques ont
« quelque apparence de sagesse dans
« une superstition et une humilité affec-
« tées, en ce qu'elles ne portent point à
« ménager le corps, ni à prendre soin
« de rassasier la chair. »

Sur quelle autorité d'ailleurs le prêtre lui-même prétend-il fonder sa puissance et le rang qu'il occupe parmi les
fidèles? A quel titre leur impose-t-il de
plus lourds fardeaux qu'ils ne peuvent
porter? Jésus renverse l'ancien sacerdoce, mais il n'en établit nulle part un
nouveau ; et s'il abolit les cérémonies
charnelles de la loi, c'est pour qu'à l'a-
venir on adore Dieu en esprit et en vé-

rité. Les apôtres viennent ensuite, et ils attribuent à tous les chrétiens, indistinctement, et les mêmes vertus et les mêmes prérogatives. « Nous formons « tous, dit saint Pierre, l'ordre des « prêtres-rois. Vous nous avez rendu « rois et prêtres, dit saint Jean. » Enfin, selon saint Paul, « il n'y a qu'un « Dieu et un médiateur entre Dieu et « les hommes, Jésus-Christ homme. »

Cet apôtre écrivait aux Hébreux; « Dieu nous a sanctifiés par l'oblation « du corps de Jésus-Christ, qui a été « faite une fois. Aussi, au lieu que tous « les prêtres se présentent tous les jours « à Dieu, sacrifiant et offrant plusieurs « fois les mêmes hosties, qui ne peuvent « jamais ôter les péchés, celui-ci ayant « offert une seule hostie pour les pé- « chés, s'est assis à la droite de Dieu

« pour toujours. » Et saint Paul encore
déclare formellement, dans la même
épître, « que Jésus-Christ est le prêtre
« éternel qui peut sauver pour toujours
« ceux qui s'approchent de Dieu par
« son entremise. Car, ajoute-t-il, il était
« bien raisonnable que nous eussions un
« pontife comme celui-ci, saint, inno-
« cent, séparé des pécheurs ; qui ne fût
« point obligé, comme les autres pon-
« tifes, à offrir tous les jours des vic-
« times, premièrement pour ses pro-
« pres péchés, et ensuite pour ceux du
« peuple. Car la loi établit pour pontifes
« des hommes faibles ; mais la parole de
« Dieu, confirmée par le serment qu'il
« a fait depuis la loi, établit pour pon-
« tife le Fils, qui est saint et parfait
« pour jamais. »

Ainsi la vérité veut que l'homme se

justifie par ses propres œuvres, qu'il se
sauve par lui-même, et non par l'entremise d'un autre homme, faible comme
lui, et renouvelant sans cesse d'inutiles
hosties. Nous avons un seul médiateur,
un prêtre éternel, entre Dieu et nous,
Jésus-Christ homme; et nous ne connaissons point d'autre sacerdoce, ni
dans le ciel, ni sur la terre!

Et cependant, chrétiens, voyez ce
qu'ont imaginé les prêtres pour conserver sur vous l'autorité de leur ancien
ministère, qui remonte à des temps où
la vérité n'était point connue! Chaque
jour encore ils prétendent consommer
un sacrifice, qui, pour nous sanctifier,
n'a eu besoin d'être fait qu'une fois;
chaque jour ils se présentent à Dieu,
offrant des oblations qui ne peuvent
ôter les péchés. De sorte qu'ils rendent

vaine la parole même de Dieu, qui
veut qu'on adore en esprit et en vérité,
par l'entremise seule du Fils. Étrange
contradiction ! Holocauste inouï ! tout-
à-fait inconnu aux premiers chrétiens,
qui ne rompaient ensemble le pain de
la communion qu'afin de se rappeler
qu'ils étaient tous frères, et qu'ils ne
formaient en Jésus-Christ qu'un seul et
même corps. Or, ils rompaient ce pain
les uns les autres, dans l'union du même
esprit; et nous ne voyons en aucun endroit qu'un prêtre le consacrât, ni qu'il
en fît pour eux la fraction.

Voici les instructions que saint Paul
adresse aux fidèles, à l'égard de la cène
qu'ils font ensemble pour annoncer la
mort du Seigneur; nous verrons par-là
quel était dans le principe ce sacrement
de l'eucharistie, dont le prêtre a su de-

puis tirer un si grand parti pour se rendre nécessaire. « Attendez-vous les uns
« les autres, dit saint Paul, lorsque vous
« vous assemblez pour la communion ;
« autrement, ce n'est plus manger la
« cène du Seigneur, car chacun y mange
« son souper particulier ; et ainsi les
« uns n'ont rien à manger, pendant que
« les autres le font avec excès. N'avez-
« vous pas vos maisons pour y boire et
« pour y manger ? Et si quelqu'un est
« pressé par le besoin, qu'il mange chez
« lui, afin que vous ne vous assembliez
« pas à votre condamnation, etc. » Telles
sont les paroles de l'apôtre saint Paul ;
et telle était la simplicité de ce repas
évangélique, que les prêtres ont trans-
formé depuis en un sacrifice solennel,
qu'ils prétendent avoir seuls le droit
d'offrir à Dieu pour les péchés du peu-

ple, faisant ainsi rentrer par artifice les chrétiens sous la loi des anciens pontifes, que le Christ avait accomplie!

Les prêtres ne trouvèrent que ce moyen pour retenir en leurs mains un pouvoir qu'ils devaient maintenant déférer aux puissances chrétiennes. Ils exerçaient dans le principe une véritable magistrature sur l'Église; elle les avait élus pour la gouverner au milieu des Gentils, où les fidèles faisaient un peuple à part; et ce fut alors qu'on les menaça de perdre leur autorité comme magistrats, qu'ils se firent pontifes et sacrificateurs. Cependant ce n'était là ni leur ministère, ni l'objet de leur institution! « Que l'évêque, dit saint Paul, « gouverne bien sa propre famille, et « qu'il maintienne ses enfans dans l'o- « béissance et dans toute sorte d'honnê-

« teté ; car si quelqu'un ne sait pas gou-
« verner sa propre famille, comment
« pourra-t-il conduire l'Église de Dieu ? »

Or, vous voyez par cette épître même,
que les prêtres, qui d'abord ont gou-
verné les chrétiens par des moyens si
simples et si naturels, quand ils n'étaient
encore qu'apôtres ou magistrats, ne se
vouèrent depuis au célibat, malgré l'a-
nathème prononcé contre les novateurs
ennemis du mariage, qu'afin de rehaus-
ser aux yeux du peuple la sainteté de
leur nouveau ministère !

Et ce n'est pas toutefois la seule erreur où soit tombé le corps pontifical,
qu'il faut bien d'ailleurs se garder de
confondre avec la société des fidèles, qui
forment seuls l'Église. Pour mieux as-
sujettir les peuples, il a introduit aussi
l'usage des langues inconnues, que la

multitude estime d'autant plus saintes, qu'elle les entend moins. Cependant, rien n'est plus contraire à l'esprit de vérité, ni plus sévèrement défendu par les instructions apostoliques. Écoutez, chrétiens, ce que mandait saint Paul à vos frères de Corinthe : « Si je prie en une « langue étrangère, il est vrai que je « prie de l'esprit; mais je n'entends point « ce que je dis.... Que si vous bénissez « Dieu d'esprit seulement, comment celui qui est dans le rang du simple peu- « ple répondra-t-il *Amen* à la fin de « votre prière, puisqu'il n'entend pas ce « que vous dites? Il est vrai que votre « prière est bonne; mais nul autre n'en « est édifié....J'aimerais mieux ne dire « dans l'église que cinq paroles dont « j'aurais l'intelligence, pour en instruire aussi les autres, que d'en dire

« dix mille en une langue inconnue. »

Or, les apôtres souhaitaient que le peuple pût entendre la vérité tout entière; parce qu'ils ne craignaient point d'être jugés sur la parole qu'ils annonçaient; mais le prêtre qui porte en ses mains sa propre condamnation, cherche au contraire, par tous les moyens possibles, à retenir le peuple dans l'ignorance. Il redoute cette doctrine tout à la fois si simple et si relevée, qui faisait dire à saint Paul : « Mes frères, ne « soyez point enfans pour n'avoir point « de sagesse; mais soyez enfans pour « être sans malice, et soyez sages comme « des hommes parfaits. »

III.

Le Christ a détruit cette domination
païenne qui faisait d'un homme un maître et un bienfaiteur; ce sont des serviteurs qu'il donne aux peuples, et non
des grands qu'il leur impose. Or, c'est
pour cela aussi que les grands ne veulent point que le royaume de Dieu soit
de ce monde : il est de leur intérêt de
s'opposer au règne de la vérité !

Mais nous devons croire ce que Jésus
lui-même nous en dit. Interrogé par les
pharisiens sur le temps où viendra le
royaume qu'il annonce, il leur répond :
« Le royaume de Dieu ne viendra point
« avec éclat; et on ne dira point : il est
« ici, il est là, car dès à présent il est
« parmi vous. »

Et, en effet, puisque c'est l'esprit de vérité qui forme avec des hommes ce royaume, on ne peut réellement pas dire : il est ici, ou il est là, comme s'il consistait dans une certaine étendue de pays; mais on juge de ses progrès par le progrès même que fait la vérité; car c'est en chassant les tenèbres de l'ignorance, qu'elle établit parmi nous le royaume de Dieu. Où règne la vérité, l'idole de la patrie disparaît, et aussi cette politique toute païenne qui multiplie au sein des empires les espèces ennemies. Un homme est le frère d'un autre homme; il est du même royaume que lui, quand c'est la vérité qui les unit !

Jésus-Christ étend la main sur ses disciples, et dit : « Voici ma mère et mes « frères; car quiconque fera la volonté

4

« de mon Père qui est aux cieux, c'est
« celui-là qui est mon frère, et ma sœur
« et ma mère. » Or, voilà de quelle manière le Christ établit le lien de son
royaume, ce lien de perfection qui doit
unir les hommes par l'amour même de
l'homme. Tout autre lien est exclusif,
car ce n'est point aimer les hommes que
d'aimer sa famille, ou sa caste, ou sa
patrie. Qui met son affection dans les
liens de la chair, n'est pas digne de la
vérité. Dans le royaume de Dieu, la
charité s'étend à tous les hommes, parce
que tous les hommes sont membres d'un
même corps.

Non, chrétiens, vous ne croirez point
que cet homme qui montre tant d'amour
pour des liens de tribu ou de nation,
puisse véritablement aimer son espèce.
La différence de mœurs ou de langage

suffira pour provoquer sa haine : est-ce donc ainsi qu'on aime les hommes ?

Rien aussi n'est plus loin du royaume de Dieu que cette doctrine païenne des espèces, qui remplit encore l'univers de haines et de troubles. Les chrétiens adorent la vérité, ils l'adorent sur des autels ; mais ils persistent dans la politique mensongère de ces temps d'idolâtrie, où l'on s'imaginait que la nature avait fait des hommes de races différentes, les uns pour être libres et puissans, et les autres esclaves ; car l'aristocratie, comme le despotisme, a sa source dans cette tradition idolâtre qui plaçait au ciel le berceau de certaines familles. Un homme n'était point le frère d'un autre homme ; il n'était pas de la même espèce que lui, quand on croyait que le sang de quelque dieu coulait dans ses veines.

Or, maintenant que l'esprit enseigne aux hommes une commune origine, ne doivent-ils pas rejeter parmi les païens une espèce superbe qui se glorifie encore dans sa chair, qui tire vanité de son sang, et considère les rangs et les honneurs comme son patrimoine héréditaire ? C'est de cette espèce que le sage a dit : « Il y a une race qui se croit pure, « et qui néanmoins n'a point été lavée « de ses taches. Il y a une race dont les « yeux sont altiers et les paupières éle- « vées. Il y a une race qui, au lieu de « dents, a des épées ; qui se sert de ses « dents pour déchirer et pour dévorer « ceux qui n'ont rien sur la terre, et qui « sont pauvres parmi les hommes. »

Croyez à l'esprit, chrétiens ! et disposez-vous à entrer dans le royaume de Dieu par l'unité de l'espèce ; car toute idolâtrie touche maintenant à sa fin, et la ruine de ceux qui voudraient résister à la parole de vérité sera grande !

LE VRAI DISCIPLE

AUX

NATIONS CHRÉTIENNES.

LES chrétiens se sont liés jusqu'ici par de vaines formules, par des rites et des cérémonies qui avaient pris la place de la vraie religion ; mais l'époque est venue où ils se lieront par son lien politique, le seul véritable et éternel.

La doctrine de l'Évangile est puissante et terrible, car elle renferme dans son principe la destruction de toute société qui n'est pas fondée sur la vérité. Elle annonce aux hommes qu'ils sont frères: voilà le grain de sénevé qui croît et de-devient un arbre; voilà le levain du royaume, ce levain que Jésus-Christ a mis dans le monde pour le régénérer. Or, c'est depuis ce temps aussi, chrétiens, que vous avez vu s'évanouir le prestige de la puissance et de la vaine gloire. Ce qui était grand jadis aux yeux des hommes, aujourd'hui n'est pas moins en abomination devant eux que devant Dieu même.

Comprenez donc, ô peuples! que le monde touche véritablement à sa fin, ce monde que Dieu vous commande de haïr et de mépriser, ce monde idolâtre bâti sur l'iniquité, où le riche est tout et l'homme rien; car c'est là le monde que Jésus-Christ condamne, et qu'il est venu détruire. Vous avez vu se soulever peuple contre peuple, royaume contre royaume, et vous verrez des choses plus étonnantes encore, mais dont vous ne pouvez connaître la cause si la vérité n'habite en vous. Cependant la fausse gloire du monde s'est obscurcie, et ces grands qui brillaient comme les étoiles du ciel sont tombés ; voilà ce qui vous annonce le second avénement de Jésus-Christ, et le règne de la justice.

Malheur à ceux qui s'opposeront à la parole de vérité ! C'est elle qui a levé le masque de l'hypocrite, et qui a détruit la puissance que l'homme exerçait sur l'homme. Ces choses ne se font point sans scandale, mais le scandale est nécessaire ! Il faut présentement que ceux qui ont faim aient de quoi manger, et que ceux qui n'ont point d'habits soient vêtus. Peuples! espérez au royaume de Dieu, ce royaume où il n'y a ni riches ni grands.

L'esprit est actif et puissant; il a conduit les hommes comme des aveugles qui ne savent où ils vont; et lorsqu'il les a éclairés, ils n'ont point su néanmoins d'où venait la lumière. Mais voici ce que leur dit aujourd'hui l'esprit : Hommes, cherchez votre loi dans l'Évangile, car c'est par Jésus-Chrit que les nations ont appris à connaître leurs véritables ennemis. Fortifiez-vous dans la vérité, et vos oppresseurs trembleront devant vous. Ils n'oseront plus vous dire que la grandeur vient de Dieu, car il l'a en abomination; ni que vous devez honorer les grands, car il vous apprend à les mépriser : « Celui qui est à table

« n'est pas plus grand que celui qui
« sert. » Faites de la parole de vérité
la règle de vos devoirs et celle de vos
droits; faites-en la mesure du pouvoir,
aussi-bien que de l'obéissance, et vous
serez heureux! Ne travaillez plus dé-
sormais à enrichir un homme, toute
œuvre doit être faite en vue de la communauté. Que si vous dites à ceux qui
gouvernent : Prenez tout, car ce qui
est à vous sera au peuple, vous parlez
selon la vérité, et la justice régnera
parmi vous. Le grand ne dit jamais :
C'est assez! et il ruine l'état; mais vous,
au contraire, vous le ferez prospérer.

Cette parole est grande, ô nations !
« Que celui qui veut tenir parmi vous le
« premier rang, se considère comme
« votre serviteur. » Or, les temps sont
venus où elle doit s'accomplir, ces temps

où le pouvoir ne sera plus séparé du principe, où la puissance sera donnée à l'homme pour servir les peuples, et non pour les dominer; car tel est le sens du précepte !

La mesure de l'iniquité a été comblée, et il en devait être ainsi dans les derniers temps du monde. La chair a perdu sa puissance, et toute puissance retourne à son principe, afin que ce qui est à tous soit mis entre les mains du serviteur de tous.

Les nations n'ont point connu d'abord toute la force de l'Évangile; mais le grain de sénevé croissait et étendait au loin ses branches, et ceux qui étaient grands parmi les hommes n'ont pu l'empêcher de mûrir. « Car, dit Jesus-Christ, « il en est du royaume de Dieu comme « si un homme avait jeté de la semence

« en terre. Soit qu'il dorme ou qu'il se
« lève, la nuit ou le jour, la semence
« germe et croît sans qu'il sache com-
« ment. »

Dieu a parlé, chrétiens! mais comme
vous n'aviez point compris la parole
qui venait de lui, il ne vous a pas été
donné, non plus, de savoir par quels
moyens elle devait s'accomplir; et ainsi,
sans que vous y pensiez, le royaume
de Dieu se forme parmi vous. Or, il
fallait que ces choses arrivassent, et il
y en a d'autres qui doivent arriver encore.

L'ACCOMPLISSEMENT DE L'ÉVANGILE.

Nous savons que le Christ est né pour
la ruine de plusieurs, et nous nous ré-

jouissons de ce que cette parole n'a pas été vaine. Peu d'hommes ont jusqu'ici compris l'Évangile ; ils ignorent que la doctrine de Jésus-Christ n'est point sa doctrine, mais qu'elle est la manifestation même de la vérité, et une bonne nouvelle apportée sur la terre, pour être le salut des peuples et la ruine des puissans.

Jésus-Christ déclare qu'il a été envoyé pour annoncer le règne de Dieu : « Ceux qui ont faim, dit-il, seront rassasiés, et ceux qui seront dans la joie « se lamenteront. » Depuis ce temps, les dieux et les grands du paganisme ont été détrônés ; chaque idole disparaît à son tour ; et ce que les chrétiens avaient recueilli de la domination païenne s'est encore évanoui. La parole de vérité s'arrêtera-t-elle donc devant un grain de sable, quand elle a renversé des montagnes ?

Elle accomplit son œuvre, chrétiens ! Elle détruit tout empire, toute domination, toute puissance. Et quand Jésus-Christ aura vaincu ses ennemis, quand il aura mis sous ses pieds les richesses et les grandeurs, Dieu alors entrera dans son règne ; car le royaume de Dieu consiste dans la vérité même des institutions sociales, dans un gouvernement naturel et juste, conforme en toutes choses à l'esprit du Créateur, qui n'a fait ni riches ni grands.

Le Christ a découvert l'imposture du monde ; il a détruit la domination de la chair, et ruiné l'édifice d'iniquité : or il fallait que ces choses arrivassent avant qu'il remît le royaume à Dieu le Père ; car le Fils est la vérité qui détruit, et le

Père la vérité qui règne, et ils ne font qu'un.

Les superbes se confiaient dans la malice des hommes, ils ont cru qu'elle serait un obstacle au règne de la verité; mais les méchans eux-mêmes ont combattu pour la vérité. Cependant le jour vient où Dieu ôtera du monde l'iniquité et les superbes aussi.

La vérité a été terrible aux grands, parce que les grands n'avaient point mis en pratique les paroles de Jésus-Christ, et que « toute plante que Dieu n'a point « plantée doit être arrachée. » Ils ont été surpris dans la joie, rassasiés de biens et de puissance, et ils n'ont pu se sauver. Et il y en a plusieurs encore que le royaume de Dieu surprendra; car il croît toujours, et sans que l'on sache comment. Malheur à ceux qui n'y seront point préparés !

Les insensés ! ils méprisaient la parole de vérité, et ils n'ont pas vu que la moisson était prête, et qu'on allait y mettre la faucille. Ils ont dit: Le royaume de Dieu n'est point de ce monde ; les richesses et les grandeurs de la terre nous appartiennent ; qui pourra nous les ravir ? ils parlaient encore, et il n'y avait plus pour eux ni richesses ni grandeur ? Dieu leur a fait voir qu'il était partout.

Il est écrit : « Toute vallée sera comblée, toute montagne et toute colline « sera abaissée, et les chemins inégaux « seront rendus unis. » Or, jugez vous-mêmes, chrétiens, par ce que Dieu a déjà opéré dans le monde, si cette parole peut manquer d'avoir son parfait accomplissement.

Le monde a dit : Brisons une idole, et nous en laisserons subsister une autre, et il parlait ainsi, parce qu'il ne connaissait point la force du principe qui agissait en lui. Mais toute idole sera détruite, parce que toute idole est mauvaise. Ce n'est pas le monde qui détruit, c'est la parole de Dieu; et le monde passera, et la parole de Dieu ne passera point.

ALEXIS DUMESNIL.

L'ESPRIT DE VÉRITÉ

AUX

HOMMES FRÈRES.

L'ESPRIT DE VÉRITÉ

AUX

HOMMES FRÈRES.

~~~~~~~~~~~~~~~~~~

I.

Disciples de la vérité, c'est parce que votre mission est de détruire l'imposture du monde et ses institutions païennes, que long-temps d'avance il a été prédit qu'on vous menerait devant les rois et les magistrats. Parlez donc avec courage, faites luire la lumière dans les ténèbres : c'est Dieu qu'il faut craindre, et non pas les hommes. Malheur à celui qui méprise la parole de Dieu !

L'affliction n'est pas loin de lui ; il dévoue sa tête au châtiment.

Tout disciple du Christ doit annoncer la vérité, sous peine d'être mis au rang des serviteurs inutiles. Dieu confond ensemble les timides, et les meurtriers, et les empoisonneurs. Il a dit : « Je vomirai les tièdes, parce qu'ils ne « sont ni froids ni bouillans. »

Quiconque a été illuminé par l'Esprit, sait que tous les hommes sont frères. Il n'y a ni maître, ni pontife, ni ordonnances humaines, ni cérémonies, pour le disciple de la vérité. Il marche dans la voie de Dieu, qui a créé toutes choses pour l'homme ; et non dans la voie du monde, qui soumet l'homme à l'homme, et le fait esclave des choses mêmes.

Cependant il viendra vers vous des

gens de mauvaise foi, qui diront encore, pour vous tenter, qu'il faut rendre à César ce qui appartient à César.
Mais, ô vrais disciples, vous rendez à
César ce qui est à César, en payant le
tribut; de même qu'en annonçant aux
hommes la vérité, vous rendez à Dieu
ce qui est à Dieu : car c'est pour cela
que son fils est venu dans le monde.

Et, quoique vous rendiez à César ce
qui lui appartient, on dira de vous encore ce que l'on disait de Jésus-Christ,
que vous êtes des séducteurs, que vous
soulevez le peuple contre César. On paraît s'étonner d'abord de cette sagesse
que Dieu envoie à son disciple; on se
demande si ce n'est pas ce même homme qui jusque-là vivait comme les autres, et dont on a connu les proches?
Mais bientôt cette sagesse même passe

pour de la folie; et le moment arrive
où l'homme de vérité est considéré
comme un séditieux et un ennemi de
César. Tel est l'artifice dont se sert le
monde, pour conduire le juste à la
mort.

Cependant, la voie que le Christ a
suivie, vous devez la suivre aussi; vous
devez marcher comme il a marché lui-
même. Car tout disciple de la vérité est
né de Dieu comme Jésus - Christ; il
vient du même principe que lui, et il
est son frère. Enseignez donc librement
et avec courage ce qui est juste et véritable; armez-vous du glaive de la parole, et marchez dans le monde comme des hosties vivantes. Ignorez-vous
que c'est par des testamens ensanglan-
tés que le sage et le juste ont instruit
les nations?

Vous n'avez pas seulement à combattre les faiblesses de la chair, tous ces penchans déréglés qui dégradent l'homme; vous triompherez aussi des puissances du monde, des riches et des superbes, que Dieu a menacés dès le commencement. Si la vérité ne s'était déclarée leur ennemie, auraient-ils tant de fois répandu le sang de ses disciples? Auraient-ils fait une alliance sacrilége avec ces hommes qui se sont insidieusement attribués le sacerdoce, afin que, dominant par eux sur votre foi, ils éteignent en vous l'esprit de vérité? Mais on ne se joue point de Dieu. Pour accomplir sa volonté, il n'a pas besoin de la volonté du monde. Sa parole est menaçante et terrible, personne encore ne lui a échappé. Qui donc avez-vous vu semer l'injustice, et recueillir la paix et le bonheur?

Le monde ne voit point ces choses, dans l'abîme de ténèbres où il est plongé; car, au lieu de lui présenter Jésus-Christ selon l'esprit, le Prêtre en a fait une idole qui réclame encore un culte, des oblations et des cérémonies. Or le prêtre veut que vous participiez aux cérémonies charnelles du culte; non pour que vous gardiez la loi qu'il ne garde point lui-même, mais afin d'avoir lieu de se glorifier en vous.

Si nous parlons ainsi, c'est que nous avons connu la pensée du Christ et pénétré le mystère de l'Evangile. Nous parlons avec hardiesse, nous ne dissimulons rien, car nous savons que toute justice est en Jésus-Christ, et que personne ne peut édifier sur un autre fondement que celui qu'il a posé. Nous vous annonçons la vérité, et ce n'est pas là néanmoins ce que vous enseignent vos prêtres et vos docteurs : mais la vérité nous vient de Dieu , et non des hommes.

Disciples de la vérité ! Dieu vous envoie pour annoncer la justice, et non pour faire des cérémonies. Montrez donc par vos œuvres que vous êtes véritablement enfans de lumière, les frères et les amis du Christ. Votre Père qui est dans les cieux, sera partout aussi avec vous. Lorsque vous paraîtrez devant les puissances du siècle, il verra si vous rendez encore un culte à l'idole ; si vous aimez mieux votre vie que l'Evangile, et les mensonges du monde que la parole de la vérité. Il sera au fond de votre cœur, pour consoler les pauvres ; il sera dans votre bouche la parole menaçante qui frappera les riches et les grands.

Ce n'est point votre doctrine que vous enseignerez aux nations, mais vous leur ferez connaître la parole de Dieu, et sa propre pensée. L'esprit de vérité qui était dans le Christ, se manifeste de nouveau pour apprendre aux hommes toute vérité. Malheur à celui qui ne voudra point le recevoir ! C'est lui qui vous a dit de prier en tout lieu, parce que le Dieu que nous adorons, celui qui a fait le ciel et la terre, n'habite point dans les temples comme une idole. Et maintenant il vous commande de renoncer à ces vaines pratiques, que l'ignorance et l'hypocrisie ont substituées à la vérité. Toute oblation devient inutile, c'est la vérité seule qui nous sauve. Si quelqu'un consent au mal, après avoir connu la vérité, il n'y a pour lui ni holocauste ni sacrifice. On ne compose point avec ses devoirs : la vérité qu'on adoucit n'est plus vérité.

Par toute la terre il y avait des idoles, et des prêtres consacrés à leur culte, qui faisaient trembler les peuples et les rois. Afin de conserver cet immense pouvoir que leur donnait le sacerdoce, les prêtres ont fait du Christ même une idole. Mais l'esprit a découvert cette sacrilége imposture, et il enseigne maintenant aux peuples que personne ne doit dominer sur leur foi. Il leur apprend que la loi de l'Evangile est celle de la liberté; que le Christ est le seul médiateur entre Dieu et les hommes; et qu'enfin son sacerdoce ne passe point à d'autres.

Que tout sacerdoce humain soit donc présentement aboli; que le riche et le grand s'humilient dans leur bassesse; et que la parole de Dieu remplisse d'épou-

vante tous ceux qui se disent les maîtres
de leurs frères, car la vérité qui les détruit est là.

II.

La parole de vérité était au commencement avec Dieu ; elle était la lumière
du monde, et cette lumière est venue
pour dissiper les ténèbres. Mais Dieu a
voulu que son dessein s'accomplît de
race en race, et que les mœurs de l'homme, comme tout ce qui est sous le so-
leil, n'arrivassent que par degrés à la
perfection.

Or c'est ainsi qu'après avoir subsisté
un temps, la loi a été ensuite abolie,
à cause de sa faiblesse et de son inuti-
lité. Et le Christ est alors venu, lui qui

était la lumière même, et il a annoncé aux peuples que toutes les lois et les institutions du monde seraient détruites, parce qu'elles ne reposent point sur la vérité. Sa parole a été confirmée par le temps, et nous reconnaissons aujourd'hui que l'amour du monde est une inimitié contre Dieu ; car, qui peut aimer tout ensemble le mensonge et la vérité, la folie et la sagesse? Jésus-Christ attaché à la croix priait pour ses bourreaux, mais il a dit qu'il ne priait point pour le monde : c'est qu'il était venu condamner le monde, et non les hommes,

Ne vous étonnez donc point de la haine que manifestent actuellement les peuples contre les mœurs et les institutions anciennes, puisque c'est l'effet même de la parole de vérité et l'accomplissement de l'Evangile. L'Écriture ne parle point en vain ! Avez-vous pu croire que, pendant les siècles, on instruirait des peuples à mépriser les richesses et les grandeurs, et qu'enfin les peuples ne comprendraient point qu'il fallait détruire ce qui était méprisable? Le Christ a prédit la destruction du monde et de ses vanités, comme il avait prédit la ruine de Jérusalem, la dispersion des Juifs, le progrès non interrompu de son Evangile. Et vous, colonnes du monde, riches et grands de la terre, vous avez cru, parce que vous étiez encore debout, que cette parole qui n'a jamais manqué d'avoir son effet, ne s'accomplirait point néanmoins en ce qui vous regarde. Mais le temps même que vous aviez à subsister était marqué par celui qui vous avait vaintus; il fallait que l'Evangile fût prêché d'abord par tout l'univers.

Jésus-Christ est la voie et la vérité ; mais l'esprit est celui qui conduit les hommes dans la voie et dans la vérité. Il a converti les apôtres, que le Christ avait laissés imparfaits, et il convertira aussi les nations. Or cet esprit est déjà venu pour enseigner toute vérité aux hommes, et pour les faire ressouvenir des choses que le Christ avait dites. Et Dieu, selon qu'il l'avait aussi promis, a envoyé à ceux qui rejettent la vérité un esprit de ténèbres, pour épaissir le voile de l'erreur et augmenter leur in-justice. Voilà ce qui avait été annoncé pour les derniers temps, où tout doit être désordre et scandale.

Redoublez donc d'iniquité ; soyez plus audacieux encore, vous que l'esprit d'erreur tient déjà captifs : quoi que vous puissiez dire ou faire, tout a été prévu d'avance. Rejetez avec mépris la saine doctrine, pour suivre des docteurs selon vos désirs; fermez l'oreille à la vérité : Dieu vous y condamne, parce que vous n'avez point cru à sa parole. Osez plus : moquez-vous de celui qui est mort sur la croix pour le triomphe de la vérité ! Je ne m'étonnerai point de vous entendre demander ce qu'il était venu faire, et où est la promesse de son avénement ? Ce sont là les discours que l'esprit d'erreur vous a mis dans la bouche, et ces discours mêmes sont prédits dans le livre de toute vérité. Insensés, comment espérez-vous échapper à celui qui des siècles d'avance était présent à vos conversations ?

Ils tomberont aussi ces ministres des autels, qui, d'accord avec le monde, s'étaient emparés du Christ pour cacher aux peuples sa parole; ils tomberont, parce que leur autorité vient du monde et non de Dieu, parce qu'ils sont dans le monde et non dans la vérité. Vous leur demanderiez inutilement pourquoi la divine parole, qui est et sera éternellement la même, n'est plus dans leur bouche cette pure doctrine que le Christ et les Apôtres ont enseignée. Eh ! lorsqu'ils convoitaient pour eux-mêmes les richesses de la terre, pouvaient-ils dire aux riches : « Pleurez « et jetez des cris, à cause des malheurs qui vont tomber sur vous ? » Pouvaient-ils tout à la fois se parer de titres et de dignités, et commander au peuple « de ne point faire de différence

6

« entre un pauvre, et un chevalier qui
« porte un anneau d'or et un habit ma-
« gnifique? » Le moyen d'attaquer la
grandeur, quand on se fait grand soi-
même? Celui qui n'observe pas mes
commandemens, a dit le Seigneur, ne
me connaît point, et la vérité n'est
point en lui. Non, ce n'est point à vous,
qui flattez les rois pour dominer avec
eux, vous qui avez moissonné le champ
du pauvre et dévoré l'héritage de l'orphelin, qu'il était réservé de prêcher
la justice et la liberté. C'est une folie
du monde, de croire que l'on peut enseigner la justice sans être juste soi-
même. S'ils ne savent pas se conduire,
comment conduiront-ils les autres?

Peuples! ne craignez point d'entendre toute la vérité, la vérité, n'est-ce
pas Dieu même? Ah! Redoutez plutôt

cet esprit d'erreur qui a fait les riches,
et les puissans et les prêtres, et qui
mène à sa suite le fanatisme et la servi-
tude. Ne savez - vous pas ce que le Dé-
mon disait à Jésus pour le tenter ? « Si
« tu veux m'adorer, je te donnerai les
« royaumes de la terre et leur gloire;
« car elle m'a été donnée, et je la donne
à qui je veux ? » Eh ! que sert d'attaquer un mensonge, quand tout est mensonge ; un vice, quand tout est vice et
corruption ? Ce sont les riches et les superbes, c'est le sacerdoce, c'est la justice du monde, c'est le monde tout entier que l'éternelle vérité promet d'a-
néantir.

Dieu a condamné le monde, et moi
je vous le montre où il est, dans vos
lois, dans vos institutions, dans votre
propre sagesse. Suis-je donc votre enne-

mi, pour vous avoir appris à connaître
ce qui vous était nusible à vous-mêmes?
Je ne viens point vous dire de renver-
ser cet édifice d'iniquité; peine inutile,
Dieu lui-même y a pourvu : mais je vous
avertis d'y prendre garde, de peur qu'en
tombant il ne vous entraîne dans sa chute
et ne vous écrase. Ne voyez-vous pas
déjà toutes ses pompes se changer en
une pompe funèbre; sa puissance même, et ses dignités, n'inspirer plus que
le mépris; et celui qui cherche encore
la gloire dans le siècle, recueillir avec
les grandeurs la honte et l'opprobre?

Malheur à vous, villes superbes, levain
de corruption ! Les riches et les grands
qui vous avaient couronnées d'édifices
ne sont déjà plus ! Que deviendra donc
votre puissance, et toute votre splen-
deur, quand les puissans eux-mêmes

succombent? C'est l'iniquité qui rassemble les hommes, c'est l'iniquité qui les disperse. Le monde, dans son fol orgueil, a élevé par toute la terre ces cités fameuses qu'il destinait à perpétuer sa gloire : mais où on les a détruites, elles ne sont point rebâties. L'homme a reconstruit sa chaumière natale sur les ruines fumantes des palais, et sur la tombe des rois.

Dieu procède par les lois qu'il a lui-même établies. Le monde se détruit, parce que ses propres principes contiennent un ferment de destruction, et que tous ses élémens vont à la mort. C'est une loi d'éternelle vérité, que ce qui est mauvais en soi devienne encore plus mauvais; que ce qui pourit aujourd'hui soit demain corruption. Or, voilà pourquoi le Christ a prédit qu'aux derniers temps la mesure de l'iniquité serait comblée. Chaque génération qui passe rend témoignage à son tour du progrès que fait le mal; le vieillard s'afflige au déclin de sa vie, de voir avec de nouveaux temps une perversité nouvelle.

Et nous que l'esprit de vérité éclaire, si nos pères ont encore laissé parmi les hommes un reste de bonne foi, dirons-nous que ces débris mêmes d'une antique probité soient parvenus jusqu'à nous? Là où s'était réfugié l'honneur, le désintéressement, la fidélité, n'est-ce pas le monde qui maintenant y commande en maître? Vous le trouvez partout, vous le trouvez dans la conscience du magistrat, sous le masque de la piété, au fond du cœur de votre ami. Les choses n'ont pas toujours été de la sorte, le mal comme le bien a ses degrés;

mais c'était le terme inévitable où nous devaient amener les principes du monde, ses institutions, et cette apparence de piété qui depuis si long-temps en ruine la vérité et l'esprit.

Cependant, que ceux qui aiment la justice tournent avec confiance leurs regards vers l'avenir, bientôt ils verront se lever l'aurore d'un nouveau monde. La mort n'est-elle pas le gage de la vie? Dieu ne veut point que les peuples périssent, mais ils mourront à leurs mœurs et à leurs institutions, pour revivre sous des formes sociales nouvelles. C'est où le monde finit, que commence le royaume de Dieu : vous y entrerez quand la vérité tiendra le sceptre en sa main.

Encore un peu de temps, et la pa-

role de Dieu se fera connaître, et elle
brisera les nations, afin que tous ceux
qui participent à un même pain ne fassent aussi qu'un même corps. Où la vérité règne, il n'y a ni grand, ni petit,
ni riche, ni pauvre, ni Grec, ni Bar-
bare; les provinces et les royaumes
perdent leur nom, toute frontière disparaît; ce sont des frères qui habitent
en deçà et au delà.

Cette parole de vérité, que vous con-
naissez déjà, mettra dans le silence les
maîtres et les esclaves, et les apôtres
d'une liberté homicide, et tous ces lé-
gislateurs du monde païen, qui voudraient retourner à ce qui a été vomi.
Et celui à qui elle aura donné puissance sur les nations, les gouvernera
avec un sceptre de fer, et les nations
se réjouiront alors, car ce sera la jus-

tíce et non la chair qui les gouvernera.

La politique du monde repose tout
entière sur l'intérêt personnel ; on ne
connaît que le *tien* et le *mien* : l'industrie même, le plus beau présent que
Dieu ait fait à l'homme, est devenue, par
la manière dont on l'exerce, la honte et
le fléau des empires. Elle conduit aux
richesses, et les richesses mènent à la
puissance ; tout est avarice et orgueil ;
et le peuple a plus à gémir encore de
la prospérité des siens, que de sa propre misère. Mais voici maintenant la
politique de celui qui vient au nom de
la vérité. Peuples, écoutez les oracles
de votre Dieu.

« Il y a diversité de dons, mais il n'y
« a qu'un même esprit : et l'esprit qui

« se manifeste dans chacun , lui est don-
« né pour l'utilité commune.

« Que chacun de vous emploie le don
« qu'il a reçu, au service des autres,
« comme étant de bons dispensateurs
« des diverses grâces de Dieu.

« Je ne veux pas que, pour soulager
« les autres, vous soyez surchargés, mais
« je veux qu'il y ait de l'égalité. Que
« votre abondance supplée donc pré-
« sentement à leur indigence, afin que
« leur abondance supplée aussi à votre
« indigence, et qu'ainsi il y ait de l'éga-
« lité. »

Tout est là , ô hommes, vos lois , vos
mœurs , et vos institutions , et cette politique vraie qui doit remplacer les in-
famies du siècle.

J'ai dit la vérité , et si quelqu'un parle

autrement, c'est contre Dieu qu'il pèche.

Je ne prêche point ma propre pensée ; cette doctrine est la manifestation de l'esprit de vérité, et la vérité
même.

ALEXIS DUMESNIL.

L'ESPRIT DE VÉRITÉ

AUX

POLITIQUES.

L'ESPRIT DE VÉRITÉ

POLITIQUES.

~~~~~~~~~

I.

Toute la politique païenne reposait
sur des distinctions d'espèce; on oppo-
sait perpétuellement les nobles aux
plébéiens, les riches aux pauvres, les
libres aux esclaves et aux affranchis :
c'était une conséquence même du système religieux, qui supposait des hommes de nature diverse. Mais Jésus-Christ
a rappelé le genre humain à l'unité d'espèce; il enseigne que Dieu a fait naître

d'un seul sang tous les hommes : et le monde, vaincu par cette parole, a été contraint d'abolir l'esclavage, et de confondre ensemble les serfs et les affranchis, les nobles et les plébéiens, les riches et les pauvres. Et ce qui d'abord a révolté le monde contre l'Evangile, la fraternité entre le maître et l'esclave, est aujourd'hui un principe reconnu.

Cependant le monde, qui n'a pu voir sans douleur anéantir ces distinctions d'espèce, s'obstine encore à les reproduire dans les pouvoirs qu'il crée. Il veut toujours des magistrats qui fassent espèce, qui soient dans la chair, et dont l'autorité se transmette par le sang. Mais ces formes sociales, qui, chez les païens, étaient l'expression même de leur doctrine religieuse, ne conviennent plus à des peuples qui ont reconnu l'unité de l'espèce. Là, celui qui naît de la chair ne saurait commander à ceux qui sont nés de l'esprit.

C'est donc par des principes d'unité qu'il faut gouverner les chrétiens, et non par ce système païen d'opposition, qui rappelle encore la diversité d'espèces. Que sert de perpétuer un patriciat, où il n'y a plus de patriciens; un tribunat, quand tout est peuple? Sous la loi du Christ, nous n'avons qu'un même intérêt, nous tous qui ne sommes qu'un corps; et les lumières qui se manifestent dans chacun, lui sont données pour l'utilité commune. Où il n'y a plus de droits particuliers à défendre, où il n'y a que des serviteurs et point de maître, l'opposition est sans utilité comme sans objet. On n'a point encore vu sous toutes

ses faces la révolutiou que le Christ a
opérée dans le monde; autrement on
sentirait qu'il est impossible de gouverner les hommes chrétiens, par les principes politiques de l'espèce païenne.

La vérité est connue, l'Evangile a détruit le monde dans l'esprit des peuples,
et cependant les peuples, incertains de
la voie qu'ils doivent suivre, cherchent
encore la justice dans le monde, et ne
cessent de donner efficacité au mensonge. De là les séditions, les soulève-
mens d'un peuple contre l'autre, et cet
état de crise et d'angoisse qui durera
jusqu'à la destruction de l'ancien ordre
social, c'est-à-dire la fin du monde.
N'est-ce pas la vérité elle-même qui a
dit aux hommes : j'ai vaincu le monde.
Or, s'il est vaincu, ne faut-il pas qu'il
succombe? Il en est comme d'un édi-

fice dont les pierres sont si étroitement
liées ensemble, qu'on ne peut en ôter
une seule que toutes les autres ne tom-
bent ensuite. Pour ruiner l'imposture
du monde il ne fallait que détruire un
mensonge : depuis qu'une première
idole a été renversée, le monde va toujours s'écroulant, et sans que l'on sache
comment. Richesses, honneurs, puissance, tout a été vaincu par l'esprit de
vérité, qui ne souffre point qu'on arrive
à une bonne fin par de mauvais moyens.

Ceux qui se sont enrichis disaient :
nous prendrons la place des puissans ;
et ils n'ont pas vu que le principe qui
avait frappé les puissans devait aussi les
détruire. Dieu ne laissera point les esclaves se parer de la grandeur de leurs
maîtres. Que le pauvre sache qu'il n'est
point de joug plus rude et plus insup-

portable que celui des riches : le monde
est toujours monde, les peuples ne lui
échapperont que par la vérité.

Dieu a manifesté sa parole pour être
la ruine du monde et le salut des nations:
que tardez-vous donc, ô hommes, à en
faire l'application? Si vous savez que
Dieu est la source de toute justice, vous
ne séparerez point du gouvernement
des peuples sa parole éternelle, que
vous appelez votre religion, parce
qu'elle est véritablement le lien politique qui doit unir entre eux les hommes.
Que sert d'invoquer le nom de Dieu, si
vous ne voulez point mettre en pratique
ce qu'il commande? Pensez-vous donc
que la vérité se soit manifestée aux nations, pour qu'elles n'en puissent faire
usage dans ce qu'il y a de plus impor-
tant? Tel est cependant l'aveuglement

du monde, qu'il ne s'aperçoit point que c'est cette même parole, dont il conteste encore la puissance, qui le mène à sa ruine et prépare un nouveau temps. La parole de vérité est vivante ! C'est un feu consumant, que Dieu a allumé pour dévorer tout mensonge, toute idolâtrie, et qui n'épargnera ni les riches, ni les superbes, qui se font encore les idoles des nations. O hommes chrétiens ! vous qui voyez aujourd'hui tant d'événemens, pourquoi n'observez-vous point ce que vous voyez ? La vérité est en vos mains, et les révolutions se multiplient pour vous éclairer !

Insensés, n'est-ce pas l'Evangile qui a détruit la puissance que l'homme exerçait sur l'homme ? Apprenez-donc que la parole de Dieu, en abolissant l'esclavage, a anéanti le principe même de la propriété. On ne possède vraiment point la terre, si l'on ne possède aussi les hommes qui l'habitent ; les propriétaires actuels ne sont que des propriétaires provisoires. Le principe qui fait les hommes égaux conduit nécessairement à la communauté ; et c'est ici même la justice vers laquelle nous marchons.

Ne vous abusez point, ô hommes ! Je ne parle point de moi-même ; ce que je vous dis, je le dis en la présence de Dieu, et comme étant la vérité. Ce n'est pas une morale nouvelle ; c'est la loi même de la nécessité que je manifeste, et contre laquelle il n'est ni riche, ni grand qui puisse lutter. Le monde touche à sa fin ; ne vous fiez point aux biens que vous possédez ; la régénération sera telle qu'il n'y aura ni riche, ni pauvre, ni

maître, ni esclave. Tous appartiendront
à l'Etat, et l'Etat appartiendra au Christ,
qui est la lumière des hommes et la justice même. C'est ici la véritable communion que Dieu a annoncée aux nations, et dont toute la cène est un sym-
bole fidèle.

Si j'enseignais au monde à retourner
à ce qui a été vomi ; si je disais qu'il faut
rendre à la chair sa puissance, qu'il faut
honorer les superbes, et soumettre la
raison à l'infaillibilité du sacerdoce, le
monde sans doute louerait ma sagesse.
Et n'est-ce pas cependant comme si l'on
disait au peuple : éteignez la lumière
que Dieu vous a donnée, retournez à
l'esclavage dont il vous a tiré, et gar-
dez-vous surtout de croire qu'il vous ait
fait naître du même sang que vos maîtres ! Car, ce que les riches et les

grands voulaient du temps de Jésus-
Christ, c'est ce qu'ils veulent encore;
des titres, des dignités, des places
d'honneur, et partout les respects d'un
peuple asservi. Insensés, ne savez-vous
donc pas que le monde, c'est vous; que
c'est votre gloire et votre propre puissance que le Christ a vaincues ? Le ciel et
la terre ont des limites, mais la vérité
n'en a point. Après avoir rendu la liberté aux esclaves, elle a frappé de sa
parole les puissans; elle a attaqué les
droits de la chair, ses honneurs, ses
privilèges, et la propriété, qui est elle-
même un privilége. C'est ainsi que le
grain de sénevé croît, et étend au loin
ses rameaux.

Vous osez parler encore de droits et
de titres ! Vous saurez, dites-vous, les
défendre ! Eh ! les superbes que Dieu a

renversés ne tenaient-ils pas le même
langage ? Pensez-vous donc qu'ils se
soient dépouillés volontairement? Ils
disaient paix et sûreté, que déjà l'abîme
s'éntr'ouvrait sous leurs pas ! Vous bâ-
tissez des calvaires aux portes des villes,
et vous forcez au dedans le peuple d'a-
dorer vos richesses. Vous dites à ceux
qui sont pauvres parmi les hommes :
nous sommes, il est vrai, vos frères en
Jésus-Christ, mais nous hériterons seuls
les biens de la terre. Quelle dérision !
quel sacrilége ! Est-ce donc ainsi que
vous accomplissez la première de toutes
les lois, et celle qui renferme toutes les
autres? *aime ton prochain comme toi-
même.* Et ne tremblez-vous pas que
bientôt enfin cette loi ne devienne la loi
politique des nations? Hypocrites, ce
frère, ce prochain, que vous aimez

comme vous-mêmes, il est nu, sans asile, sans nourriture; voilà la part que lui a fait votre amour. Est-ce donc celle-ci que vous eussiez choisie, vous qui êtes vêtus et logés comme si vous aviez plusieurs corps; vous qui dévorez la substance du pauvre, comme si vous aviez plusieurs ventres?

Et on n'aurait point le droit de vous dire que votre piétié n'est qu'hypocrisie, que vos grandeurs et vos richesses ne sont que bassesse et iniquité! L'erreur, en un mot, parlera sur les toits; et la vérité sera condamnée à se taire, ou à parler à voix basse. Vous seuls êtes pieux et charitables, vous seuls savez adorer Dieu et le servir; et le juste, qui se glorifie dans ses œuvres, et fait ressouvenir les hommes de la parole de vérité, devient un séducteur et un impie,

Heureuse séduction ! divine impiété !
C'est ainsi que Jésus-Christ parmi les
Juifs était anathème.

Malheur à ceux qui comptent sur la
force pour maintenir l'imposture du
monde ; ils seront trompés dans leur attente : gouverner aujourd'hui, c'est détruire. La mission des gouvernemens
est de substituer aux anciennes formes
sociales des institutions justes et vraies.
Tout sera peuple devant un gouvernement chrétien : il est le lien de la communauté ; c'est en lui que doit se trouver
la commune richesse. Toute richesse,
toute puissance individuelle est contraire
à la loi de Dieu. Lorsqu'une espèce gou-
vernait les hommes, ils n'étaient point
frères ; mais ils le seront toujours de
ceux qui ne deviennent les premiers que
pour les servir. La puissance que donne

le principe ne change point l'homme
d'espèce.

Si ce que nous disons est un crime,
rejetez donc l'Evangile ; accusez les
apôtres, dont c'est ici même le langage !
La loi que j'invoque n'est-elle pas aussi
la vôtre? Or, c'est à cause de cela qu'il
n'y a rien en moi qui ne soit selon la
justice : car je n'approuve ou ne condamne que ce qu'il vous est prescrit à
vous-mêmes de croire ou de rejeter. Le
Christ est venu rendre témoignage à la
vérité ; c'est pour elle que les prophètes
et les apôtres, quoiqu'en des temps di-
vers, ont été persécutés et mis à mort :
et nous, gens timides et sans vertu,
nous recueillerons le fruit de leur sang,
en désertant le champ où ils ont moissonné ! Nous craindrons d'annoncer la
justice, nous tremblerons même de

prononcer le nom auguste de la vérité,
devant ceux qui ne craignent point de
l'outrager chaque jour par leurs mensonges et leur hypocrisie! Loin de nous
une si coupable lâcheté! Tout disciple
du Christ doit marcher dans la voie de
son maître : le chemin du calvaire n'a
rien qui l'épouvante.

Quoi! vous instruisez vos enfans dans
les Ecritures ; vous leur proposez pour
modèles les plus illustres martyrs de la
vérité ; et vous craignez que Dieu ne sus-
cite parmi vous un homme juste et sin-
cère! Votre folie va plus loin : il ne suffit
pas de connaître la pure parole de Dieu,
vous voulez qu'on médite encore les
maximes des sages et des philosophes ;
mais c'est à condition qu'on ne ressem-
blera ni à Aristide ni à Socrate. Et voilà
les insensés qu'il faut honorer dans leur

délire, dont nous devons admirer la sagesse et suivre les doctrines ! Où sont vos chaînes? où est Golgotha? Car le vrai disciple dira la vérité, et la vérité tout entière.

―――――

II.

RIEN de ce que l'homme conçoit de parfait n'est impossible. Qui s'oppose au progrès des lumières résiste à Dieu même. Dieu n'a pas seulement rendu la vérité praticable, il en a fait le dogme et la loi des nations. Le monde a été vaincu par le Christ, et c'est l'esprit du Christ qui tourmente les hommes. Que demandent-ils? La justice, la liberté, le règne enfin des principes. Mais pour obtenir ces choses, il faut renoncer aux richesses et aux grandeurs ; et voilà ce qu'ils n'ont pu encore se résoudre à quitter. De là vient que le riche se met toujours à la place du riche, et qu'on ne détruit une grandeur que pour en relever une autre. On ne conçoit point encore un empire sans armées, sans pontifes, sans riches ni grands : mais il s'agit toujours d'un empire du monde, d'un état où le peuple meurt de faim. Or c'est une plus grande lumière qui fera cesser cette situation violente des peuples, en brisant jusqu'aux derniers liens par lesquels ils tiennent encore au monde. Qu'ils s'attachent fermement à ce qui est juste et vrai ; qu'ils repoussent avec horreur toute institution que n'admet point la vérité : car le temps est venu de détruire en eux le monde qui se détruit partout.

Chez les païens, il fallait, pour qu'une espèce dominât les autres, qu'on la fît riche et puissante, qu'on l'environnât avec soin de tous les prestiges de la grandeur; et alors la grandeur faisait elle-même partie de la politique. Il n'en doit pas être ainsi parmi nous, où une magistrature nouvelle, jusque-là inconnue, s'est substituée à la domination d'espèce. Le magistrat chrétien, qui ne se considère que comme le serviteur et l'esclave de la communauté, n'a besoin ni de la gloire ni de l'encens qu'on donne aux idoles. Qu'il obéisse au principe, et chacun en particulier lui obéira, comme il obéit à tous en commun. C'est une grande chose, que les provinces ne soient plus gouvernées par des puissans qui avaient envahi la propriété publique. Le salaire qu'un magistrat reçoit du peu-

ple lui apprend à connaître son véritable maître.

Quoique le monde soit loin encore
d'être aboli, nous parlons cependant à
des hommes qui déjà ont appris à séparer
la cause des peuples de celle du monde;
et ils ne regarderont plus comme les
pestes de l'univers, comme les ennemis
du genre humain, ceux qui viennent
au nom de la vérité briser ses chaînes.
Les gouvernemens mêmes, dont la régénération s'opère par le principe, n'at-
tendent qu'une plus forte pensée des
peuples pour marcher avec eux. Que les
hommes demandent ce qui est conforme
à la justice, et on le leur donnera,
comme on accorde encore à leur faiblesse des honneurs et des dignités. Quiconque demande, reçoit; et qui cherche,
trouve : cette parole est juste et véri-

table en toutes choses. Si vous demandez que les riches et les grands soient
détruits, ils le seront. Si, désirant la
paix des peuples, vous dites : qu'il n'y
ait plus de frontières, il n'y en aura plus.
C'est votre orgueil, c'est votre avarice
qui perpétuent les vieilles institutions :
elles ont été faites pour les païens, et
non pour vous. Si vous aviez faim et
soif de la justice, vous seriez rassasiés.

Dieu a donné la terre à l'homme pour
le nourrir. Si la misère est devenue un
fléau du monde, ne vous en prenez qu'à
vos institutions, qui ne peuvent faire
des riches qu'elles ne fassent aussi des
pauvres. Les oiseaux du ciel trouvent
dans les champs une abondante nourriture, les bêtes sauvages ont leurs fo-
rêts et leurs tanières ; l'homme seul, au
milieu des biens dont la terre est cou-

verte, est en proie à la plus affreuse indigence. Parce que des fortunes particu-
lières se sont créées au milieu de la propriété publique; parce que l'industrie,
que le gouvernement doit exploiter au
bénéfice de la communauté, s'exerce
dans l'intérêt de quelques individus seulement. Tant que la vie du pauvre ne
sera point à l'abri des caprices du riche;
tant qu'il attendra d'une somptuosité
aveugle le nécessaire physique qu'on
lui a ôté : peuples, n'usurpez point le
titre glorieux de chrétiens, c'est-à-dire
d'hommes frères, dont jusqu'ici vous
vous êtes montrés si peu dignes. Qui
dit frères en Jésus-Christ, dit frères en
vérité.

Pensez-vous que le juste soit mort sur
la croix, pour que de vaines cérémonies
tiennent lieu de justice; pour qu'on bé-

nisse en son nom des chapelets, ou qu'on allume des cierges en plein jour? Si les apôtres n'avaient enseigné qu'une si puérile dévotion, les païens, qui ne demandaient que de nouvelles idoles, les auraient-ils fait périr comme des rebelles et des séditieux? Mais ils prêchaient la liberté où l'on faisait des esclaves, le mépris des grandeurs où il y avait des grands; et on ne pouvait imaginer pour eux de supplices assez terribles!

III.

LORSQUE des chefs et des magistrats, que vous avez institués pour vous servir, se substituent à l'espèce paienne qui

dominait par la chair, il ne reste plus
qu'à détruire toute puissance fraction-
naire dont les principes tendraient encore à diviser la communauté. Le riche
et le grand ne sont utiles qu'à eux-mêmes,
le gouvernement seul agit dans l'intérêt
de tous.

Si vous laissez subsister le sacerdoce,
il est vrai de dire que la religion est
dans l'état. Mais si, débarrassant la religion des entraves que lui ont donné
les hommes, vous ne cherchez en elle
que la justice et la vérité ; ce n'est pas
seulement le peuple, c'est le gouvernement, c'est l'état tout entier qui doit
relever de cette sainte religion, la seule
véritable.

Ne vous laissez point séduire par ces
oracles du monde, qui, pleins encore
des institutions païennes, ont tiré du

paganisme même tous les principes de leur politique. Telle est l'erreur dans laquelle ils sont tombés, que voulant établir une opposition de principe entre les diverses sortes de gouvernemens, ils les ont précisément distingués par ce qu'ils avaient de commun. Le principe était le même partout; et c'est ce qui fait que les hiérarchies de la chair, avec tous les priviléges d'espèce, sont entrés aussi-bien dans l'essence des républiques, que dans celle des monarchies. Il est impossible de concevoir un état paien, qui ne porte point l'empreinte des vices et des erreurs du paganisme. C'est donc une monarchie chrétienne qu'il faut opposer à la monarchie païenne, et non le gouvernement républicain au monarchique. Là où la vérité devient principe, l'imposture disparaît ; la puissance seule demeure.

Quelle que soit la nature diverse des gouvernemens, ils seront tous chrétiens alors que vous le serez vous-mêmes. Eloignez-vous du mensonge, et ils prendront un point d'appui dans la vérité. C'est votre faute, et non la leur, si pour vous gouverner ils sont obligés d'employer encore les artifices et les séductions du monde. Ne vous en prenez point à la puissance, des maux que vous vous faites vous-mêmes ; elle ne saurait être meilleure, si vous ne changez de principe. Il n'y a de tyrannie qu'où les hommes veulent être esclaves : ce sont eux qui font leurs maîtres et leurs idoles.

Toute puissance vient de Dieu, et elle est essentiellement bonne ; la malice seule des hommes en a fait un instrument d'affliction et de ruine. Elle ne peut dominer le monde que par le monde : c'est donc le monde qu'il faut détruire, et non la puissance. Les factieux ne combattent que pour des intérêts du monde, on a raison de les faire périr : il n'est pas nécessaire de briser le pouvoir pour éclairer les peuples. L'Evangile est le principe d'une civilisation nouvelle : demandez ce qui est conforme à l'Evangile, et vous l'obtiendrez. Mais n'hésitez point sur la voie que vous devez suivre, car notre Dieu ne fait point de différence entre les timides et les meurtriers. La faiblesse trouve une excuse devant le monde, mais c'est un crime que Dieu punit sévèrement : combien d'hommes avez-vous vu périr, qui n'étaient coupables que de lâcheté? Celui qui tremble, ou qui regarde en arrière , n'est point propre au royaume de Dieu : la pensée marche et ne s'arrête jamais.

Peu d'hommes encore entendront cette parole, mais le moment n'est pas loin où tous sauront que j'ai dit la vérité.

ALEXIS DUMESNIL,

LA COMMUNAUTÉ.

L'ESPRIT ENSEIGNE UN NOUVEAU TEMPS.

LA COMMUNAUTÉ.

L'ESPRIT ENSEIGNE UN NOUVEAU TEMPS.

C'EST en cherchant dans sa propre sagesse un remède à l'injustice, que le monde a comblé la mesure du mal.

Les institutions mêmes par lesquelles il semble être juste, ne sont encore que folie et iniquité.

Ce n'est point par un égal partage des biens que les peuples échapperont à la misère : plus la propriété se divise, plus la détresse du pauvre devient affreuse.

Que les nations apprennent qu'il n'y a de salut pour elles que dans la communauté !

Elles y sont comme entraînées par ces

principes éternels d'ordre et d'écono-
mie, que rend de plus en plus néces-
saires l'accroissement sans bornes du
genre humain.

C'est la nature qui maintenant révèle
aux hommes la nécessité du précepte
que Dieu adressait à leur amour.

Il en sera de tous les biens que Dieu
a mis à la disposition de l'homme,
comme de la manne du désert. Celui
qui avait recueilli beaucoup de manne,
n'en eut pas plus que ses frères; et celui qui en avait recueilli peu, n'en eut
pas moins qu'eux.

Ceux qui ne veulent point du règne
de la justice disent, pour se rassurer,
que ces choses sont impossibles.

Ainsi, dans leur cœur, le mensonge
est plus fort que la vérité; et ils rendent
témoignage contre la parole de Dieu,

qui annonce que le monde est vaincu.

Mais, qu'ils suivent à travers les siècles l'ordre et la marche des événemens ; qu'ils voient tout ce que l'esprit
a accompli dans le monde, et que l'a-
venir les remplisse d'épouvante !

Combien de choses impraticables
pour nos pères, que Dieu a déjà ren-
dues possibles !

L'ordre établi dans les armées des
nations, est l'image du gouvernement
de la communauté. Comme il y a diversité de dons, il y a aussi diversité
d'emplois : mais on ne peut pas dire
que celui qui commande soit un riche,
ni que celui qui obéit soit un pauvre.
Chacun tient honorablement son rang
parmi les hommes : on doit tout à l'E-
tat, rien à un bienfaiteur.

Demander que l'homme ne soit plus

réduit à tendre vers son semblable une main suppliante, riches, est-ce donc exiger trop?

La communauté parmi les hommes, c'est la justice de Dieu sur la terre.

Or, c'était afin de préparer les nations à cette justice, qui véritablement est le règne de Dieu, que l'Evangile a été prêché à toute langue et à toute tribu.

L'Evangile de Jesus-Christ signifie bonne nouvelle. Si donc quelqu'un ne croit point à la vérité de cette nouvelle, il fait Dieu menteur.

Mais cette nouvelle, si dure aux riches et aux puissans, après avoir été scellée au commencement par le sang du juste, reçoit du temps même sa confirmation.

Peuples, entendez les cris que jet-

tent de toutes parts les riches et les superbes ! Que leur affliction vous serve
de témoignage.

C'en est fait du monde et de sa
gloire ! L'esprit découvre de nouveaux
temps, et une nouvelle loi, selon laquelle l'homme sera véritablement le
frère de l'homme.

Toute justice vient de l'esprit de vérité, qui triomphe des hommes et des
choses.

Peuples, le Seigneur a dit : j'enver-
rai l'esprit de vérité, l'esprit consolateur, qui vous conduira dans toute la
vérité. Or cet esprit est venu ; il a parlé
aux riches et aux grands, et ils se sont
bouché les oreilles pour ne point entendre.

Et maintenant il vient vers vous,
pauvres de la terre, pour vous conso-

ler, et pour vous avertir que le jour
du Seigneur est proche, le jour terrible où sa justice éclatera sur le monde.

Le consolateur annonce la fin du
monde, et un nouveau temps. Ce qu'il
dit est la vérité, et c'est à cause de
cela qu'il n'aura rien annoncé qui ne
s'accomplisse.

Il prend la défense du pauvre, contre
ces insensés qui se glorifient de leurs
héritages, et d'un bien dont ils ont dé-
pouillé leurs frères.

Il visite les malades, les infirmes,
et ces plus petits, que le monde a dé-
voués à la misère et à toute sorte d'hu-
miliations.

Race déshéritée, louez le Seigneur
votre Dieu, qui a envoyé sa parole
pour vous tirer de l'esclavage, et qui
maintenant envoie l'esprit consolateur
proclamer tous vos droits !

Ne vous laissez point séduire par ceux qui promettent une justice et une liberté du monde. Ils vous mènent à la guerre, ils vous chargent de fardeaux insupportables ; mais les trésors qu'ils payent de votre sang n'arrivent point jusqu'à vous, et ils ne rendent pas la justice qu'ils ont promise.

C'est la grandeur, c'est la puissance qu'ils cherchent, et non votre salut. Il n'y a ni justice ni liberté hors du Christ.

Nous sommes tous prêtres et rois : que celui qui a des oreilles m'entende. Toute la vérité est là, si vous avez l'intelligence de cette parole.

La puissance n'est déjà plus entre les mains du monde. C'est servir le gouvernement, que de rompre les barrières devant lesquelles s'arrête sa justice.

Les nations seront brisées par la parole de Dieu, et les hommes perdront leur nom.

Tous les hommes sont nés d'un seul sang, voilà la vérité : qu'ils se gouvernent en frères, voilà la justice.

Tout le reste est de convention, et ce sont des choses dont la puissance elle-même vous affranchit.

Les insensés ! ils ont des oreilles, et ils n'entendent point ; ils ont des yeux, et ils ne voient point.

Justes, soyez vivans par vos œuvres ! Enfans de ténèbres, souillez-vous encore : les temps sont accomplis, vous avez creusé votre tombe.

Je ne parle point de moi-même ; celui qui m'envoie justifiera sa parole.

ALEXIS DUMESNIL.